FULL SCORE
ECF-0040

佐々樂舞幻想
（ささらまいげんそう）

Sasara-Mai Fantasy

作曲：平泉 奏
So Hiraizumi

フレックス6(7)重奏
管楽器5パート 打楽器1(2)パート

Part 1
Flute / Oboe / E♭ Clarinet / B♭ Clarinet / Soprano Saxophone

Part 2
Flute / Oboe / B♭ Clarinet / Soprano Saxophone / Alto Saxophone / B♭ Trumpet

Part 3
B♭ Clarinet / Alto Saxophone / B♭ Trumpet

Part 4
Bassoon / Tenor Saxophone / F Horn / Trombone / Euphonium

Part 5
Bassoon / Bass Clarinet / Baritone Saxophone / Trombone / Euphonium / Tuba / String Bass

Percussion 1
桶胴太鼓 (or 長胴太鼓) / Suspended Cymbal / 締太鼓 / Sleigh Bell (or 神楽鈴) /
Triangle / Marimba / Wood Block (or Temple Block) / *Bass Drum

*Percussion 2
Wind Chime / Marimba / Suspended Cymbal / 桶胴太鼓 (or 長胴太鼓) / Triangle

（* イタリック表記の楽譜はオプション）

■編成について
演奏の参考になるよう【奨励編成】をいくつか提示しています。奨励編成を基準とした上で、不足楽器を該当パートの他楽器に入れ替えて編成を組むと演奏しやすいでしょう。また、奨励編成に限らず、フレックスという言葉が意味するように、奏者それぞれで独自性のある編成を考えて、独創性に富んだアンサンブル表現を創り出してみるのも良いでしょう。その際、音量のバランスに気を配ることを忘れないでください。

【奨励編成】　Part 1 / Part 2 / Part 3 / Part 4 / Part 5 / Perc.1 / Perc.2 の順で表記しています。

(1) Fl. / B♭Cl. / A.Sax. / Hrn. / Tub. / Perc.1 / Perc.2
(2) Fl. / S.Sax. / Trp. / Euph. / B.Sax. / Perc.1

佐々樂舞幻想
Sasara-Mai Fantasy

フレックス6(7)重奏
管楽器5パート 打楽器1(2)パート

■**作曲者コメント**

東京都立足立西高等学校吹奏楽部の委嘱により作曲、2018年1月に初演されました。佐々樂(ささら)は秋田県内に伝わる獅子舞の呼び方の一つで、関東から出羽国へ移封された佐竹氏が長い旅の途中で舞ったものと言われています。神秘的な序奏からはじまり、中間部はPart 3のメロディーで望郷の気持ちを表現します。舞が頂点に達すると序奏が再度聞こえてきて、後奏へ。最後はテーマとなる太鼓のリズムが強く奏され終わります。

(by 平泉 奏)

■**作曲者プロフィール / 平泉 奏　So Hiraizumi**

秋田県出身、1986年生まれ。洗足学園音楽大学 音楽・音響デザインコース卒業。これまでに作曲を延原正生、渡辺俊幸、三上直子、毛内彩子の各氏に師事。クラシック、現代音楽を中心に映像音楽について学ぶ。現在吹奏楽、室内楽などの作編曲および作曲理論の指導を行う。横浜室内合奏団専属作曲家。

ご注文について

楽譜のご注文はウィンズスコア、エレヴァートミュージックのWEBサイト、または全国の楽器店ならびに書店にて。

●ウィンズスコアWEBサイト
吹奏楽譜／アンサンブル楽譜／ソロ楽譜

winds-score.com
左側のQRコードより
WEBサイトへアクセスし
ご注文ください。

ご注文方法に関しての
詳細はこちら ▶

●エレヴァートミュージックWEBサイト
ウィンズスコアが展開する合唱・器楽系楽譜の専門レーベル

elevato-music.com
左側のQRコードより
WEBサイトへアクセスし
ご注文ください。

ご注文方法に関しての
詳細はこちら ▶

TEL：0120-713-771　FAX：03-6809-0594
（ウィンズスコア、エレヴァートミュージック共通）

※この出版物の全部または一部を権利者に無断で複製（コピー）することは、
　著作権の侵害にあたり、著作権法により罰せられます。

※造本には十分注意しておりますが、万一、落丁・乱丁などの不良品がありましたら
　お取り替えいたします。また、ご意見・ご感想もホームページより受け付けておりますので、
　お気軽にお問い合わせください。

佐々樂舞幻想
Sasara-Mai Fantasy

平泉 奏
So Hiraizumi

Part 1
Flute

佐々樂舞幻想
Sasara-Mai Fantasy

平泉 奏
So Hiraizumi

Percussion 2
Wind Chime, Marimba, Suspended Cymbal, 桶胴太鼓 (or 長胴太鼓), Triangle

佐々樂舞幻想
Sasara-Mai Fantasy

平泉 奏
So Hiraizumi

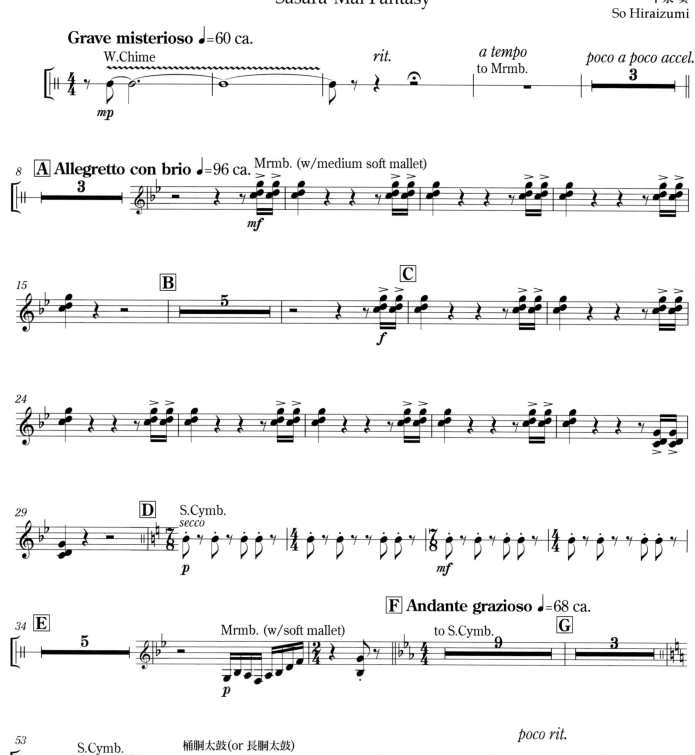